Miercole 13 2022

Final Jueves 9 (Junio)

MW00947147

Made in the USA
Coppell, TX
24 April 2021

54441407R00069